Inhalt

Performance Management für IT-Abteilungen

Kernthesen

Beitrag

Fallbeispiele

Weiterführende Literatur

Impressum

GENIOS WirtschaftsWissen Nr. 10/2003 vom 09.10.2003

Performance Management für IT-Abteilungen

M. Westphal

Kernthesen

- Wie kann ein CIO die Wertschöpfung seiner IT messen?
- Die Performance-Messgrößen für IT-Leistungen werden häufig von den IT-Servicemitarbeitern in sogenannten Service-Level-Agreements (SLAs) definiert und orientieren sich an für sie zwingend notwendigen Informationen. Für den Anwender ist das oft ein kaum nachvollziehbares Kauderwelsch
- Aufgrund der hohen Komplexität und mangelnden Transparenz der

Servicevereinbarungen können die Verantwortlichen der Fachbereiche eines Unternehmens ihre IT-Kosten kaum beeinflussen, da sie nicht nachvollziehen können, wie teuer einzelne Leistungen sind
- Die Infrastructure Library (Itil) kann zu einer verbesserten Performance-Messung der IT-Leistungen führen

Beitrag

Wie kann ein CIO die Wertschöpfung seiner IT messen?

In der IT gilt wie auch in allen anderen betriebswirtschaftlichen Bereichen: Du kannst nicht steuern, was du nicht regelmäßig misst.
Der Sparzwang und die schwache Konjunktursituation zwingt derzeit viele Unternehmen, vor allem die Ausgabenseite zu betrachten. Hierzu gehört zu einem wesentlichen Anteil auch die IT, von der sie aber auch die Betrachtung der Leistungsseite nicht vernachlässigen sollten. Häufig sind Firmen mit höheren IT-Kosten effektiver als die vermeintlich sparsameren Konkurrenten. Ein übertriebener Sparzwang führt

nicht unweigerlich zu günstigeren Geschäftsprozessen. Wer nicht misst, wie gut die IT die Geschäftsabläufe unterstützt, sondern nur die IT-Kosten betrachtet, ist quasi auf einem Auge blind. Die Fachabteilungen müssen in den wichtigsten Geschäftsprozessen die Abdeckung ihrer Anforderungen durch die IT positiv beurteilen bei im Rahmen bleibenden IT-Kosten. Das bedeutet aber auch, dass wichtige Kennzahlen auf regelmäßiger Basis mit Marktkennzahlen oder aber denen von Wettbewerbern verglichen werden müssen.
Aber, um dieses durchführen zu können, müssen die Zahlen so strukturiert sein, das sie einen regelmäßigen Vergleich mit dem Markt oder Wettbewerbern überhaupt ermöglichen.
Ein wirkungsvolles IT-Controlling ist gefragt, kann aber nur sinnvoll aktiv werden, wenn nicht "Äpfel mit Birnen verglichen werden". Es muss sich also an Strukturen anlehnen, die in Warenkörben präzise beschreiben, welcher Leistungsumfang in den einzelnen Kostenpositionen enthalten ist.
Ergibt ein Marktvergleich dann, das die externen Kosten zu hoch sind, können die Verträge nachverhandelt werden. Im Falle, dass interne Organisationsbereiche betroffen sind, ist eine Zielkostenvorgabe, flankiert mit der Anwendung von Best-Practice-Modellen empfehlenswert, die Ursachen für zu hohe Kosten zu beseitigen. (1)

Die Performance-Messgrößen für IT-Leistungen werden häufig von den IT-Servicemitarbeitern in sogenannten Service-Level-Agreements (SLAs) definiert. Für den Anwender ist das oft ein kaum nachvollziehbares Kauderwelsch

Gerade im Falle von Outsourcing- oder Mietsoftwareverträgen sind Service-Level-Agreements (SLAs) ein zentraler Bestandteil, deren Formulierung großer Sorgfalt bedarf. Es handelt sich hierbei nicht um einen juristisch feststehenden Begriff. Allgemein wird darunter aber die Festlegung qualitativer Standards für IT-Services verstanden, verknüpft mit entsprechenden Sanktionsregelungen, im Falle, dass diese Standards nicht eingehalten werden. Ergänzt werden diese Mindestanforderungen durch die Festlegung von Messmethoden und von Art und Häufigkeit der Berichterstattung über die Einhaltung der Service-Level.
SLAs sind insbesondere im Rahmen von externen IT-Service-Beziehungen ein unverzichtbares Mittel, um zum einen die geschuldete Leistung detailliert zu bestimmen und damit eben zum anderen auch festzulegen, wann eine mangelhafte Leistung vorliegt

und welche Konsequenzen eine solche mangelhafte Leistung nach sich zieht.
Es empfiehlt sich, die Konsequenzen in einer Bonus-, Malusregelung im SLA zu definieren. Die normale Vergütung wäre demnach fällig, wenn sich die Qualität der Leistung in einem vereinbarten Bereich bewegt. Sofern die Leistung unter den vereinbarten Grenzwert abfällt, verringert sich der zu zahlende Betrag um einen festgelegten Malus, im Gegensatz dazu kann bei einer Überschreitung der Service-Level aber auch eine Bonusregelung greifen, um die Dienstleister zusätzlich zur Erbringung hochwertiger Leistungen anzuspornen. (2)

Die Kostenkontrolle funktioniert zwar häufig sehr gut, der Abgleich aber mit der Leistungsseite ist in der Regel auf die Service-Level-Agreements begrenzt. In diesen werden Punkte erfaßt wie Verfügbarkeit, Antwort-, Wiederherstellungs-, Helpdesk-, Öffnungs- und Reaktionszeiten. Doch das ermöglicht noch lange keine Beurteilung, des Zielerreichungsgrades im Bereich der effektiven Unterstützung der Geschäftsprozesse. (1)

Ein Anwender wie ein Händler an der Börse weiß zwar, dass sein IT-System vom Börsenstart bis zum Börsenschluss verfügbar sein und schnell genug arbeiten muss, um sein Geschäft optimal zu unterstützen. Leistungsindikatoren für seinen

Rechner wie "Anzahl der Transaktionen pro Sekunde" sind ihm aber kaum bekannt oder greifbar.
Ebenso ist es für ihn nicht erkennbar, dass zum reibungslosen Funktionieren des Systems eine Anzahl von Einzelservices kombiniert werden müssen. Zwar sind alle diese Services in den Sevice Level Agreements (SLAs) detailliert beschrieben, interessieren ihn als Anwender aber nicht, da er nur am "Endergebnis" interessiert ist. Somit fällt ihm eine Beurteilung, inwieweit seine Anforderungen durch einzelne Servicevereinbarungen abgedeckt sind, schwer. (3)

IT-Abteilungen müssen erkennen, dass sie nicht mehr ein reiner Techniklieferant oder Enabler sind, sondern ein wesentlicher Bestandteil der Wertschöpfungskette. Im Zeitalter des E-Business wickeln viele Unternehmen wie z. B. der Online-Shop Amazon, oder Speditionen/Versender wie UPS ihre Geschäftsprozesse nahezu ausschließlich über IT-Systeme ab. (3)

Aufgrund der hohen Komplexität und mangelnden Transparenz der Servicevereinbarungen können

die Verantwortlichen der Fachbereiche eines Unternehmens ihre IT-Kosten kaum beeinflussen, da sie nicht nachvollziehen können, wie teuer einzelne Leistungen sind

Die Komplexität aber auch die mangelnde Transparenz der IT-Prozesse in Unternehmen führen dazu, dass einzelne Prozesse oder Geschäftsabläufe kostenmäßig nicht bewertet werden können, da die Kosten nicht selektiv einer industriellen Stückkostenrechnung entsprechend zugeordnet werden können. (3)

Außerdem können die Verantwortlichen von Fachbereichen im Unternehmen ihre IT-Kosten kaum beeinflussen, da sie weder erkennen können, ob die IT-Abteilung (sei sie extern oder intern) ihre Servicevereinbarungen einhält, oder wissen wie teuer einzelne Leistungen sind. Das führt auch zu hoher Unzufriedenheit mit der IT und damit im schlimmsten Falle dazu, dass die Anwender ihre eigenen Lösungen kreieren. Es ist keine Seltenheit, dass Mitarbeiter ihre Daten statt in den unternehmensweiten Datenbanken, lieber in eigenen Excel-Tabellen führen. (3)

Um die Performance der IT-Services zu messen, sind auf jeden Fall je Geschäftsprozess die Bewertungen der Abdeckungsgrade der Teilprozesse zu ermitteln. So läßt sich ein Gesamtwert der Leistungskraft für eine IT-Anwendung ermitteln, welcher zudem ein wichtiger Indikator für die Kundenzufriedenheit ist. So hat die IT auch regelmäßig ihr Ohr am Kunden. Der Aufwand ist überschaubar, so läßt sich selbst ein komplexes, firmenweit eingesetztes SAP-System mit allen denkbaren Modulen bei entsprechender Planung und Priorisierung in einem zweitägigen Workshop mit verschiedenen Fachbereichen in ausreichender Tiefe beurteilen. (1)

Die Infrastructure Library (Itil) kann zu einer verbesserten Performance-Messung der IT-Leistungen führen

Ein Hilfsmittel für eine verbesserte Definition von Performance-Standards ist die sogenannte Infrastructure Library (Itil).
Hinter Itil verbirgt sich eine Sammlung von detaillierten Empfehlungen und Richtlinien für effiziente IT-Organisation. Die konsequente

Ausrichtung des Computer-Betriebs daran lohnt sich aber nicht nur für Großunternehmen wie Allianz, BASF, Philip Morris, HP oder Microsoft, sondern für alle Unternehmen, sobald PCs mit einem Server vernetzt sind und laufender Betrieb notwendig ist. (4) Um IT-Prozesse zu optimieren, müssen zunächst die Serviceprozesse klar abgegrenzt und definiert werden. So müssen Anforderungen an die IT-Serviceprozesse definiert werden, es muss die Beschaffung, Einrichtung, aber auch Maintenance mit Problem-, Change- und Asset-Management organisiert werden. Die IT-Abteilung und auch externen IT-Dienstleister müssen von einer technisch orientierten Sichtweise hin zu einer dienstleistungsorientierten Ausrichtung gelangen. Sie befinden sich somit in einem Spannungsfeld, in dem das Regelwerk "Information Technology Infrastructure Library" (Itil) die Möglichkeit bietet, IT-Leistungen transparent und messbar zu machen. Itil gilt als Orientieungshilfe für die IT und hat sich als Quasi-Standard für die Abbildung von IT-Prozessen etabliert. Schon Ende der 80er Jahre wurde Itil in der Central Computer and Telecommunications Agency (CCTA) der britischen Regierung entwickelt. Trotzdem ist Itil für die meisten IT-Abteilungen noch recht neu. Itil ist eine öffentlich zugängliche, herstellerunabhängige "Bibliothek", oder auch ein "Best Practice Framework", welches sich aus einer Vielzahl von Büchern zusammensetzt. Beschrieben wird die Vorgehensweise für Einführung,

Betrieb und Management der IT und ihrer Dienstleistungen. (5)

Die Etablierung eines unternehmensweiten Performance Measurements für IT-Leistungen bedarf eines erfahrenen und sämtliche Leistungen koordinierenden Service-Managers, der zunächst alle IT-Services von den Geschäftsprozessen ableitet. Nur, wenn die Abläufe sauber definiert sind, können die Fachbereiche bestimmen, ob und in welcher Form sie IT-Unterstützung benötigen. Was nutzt ein unternehmensweiter Terminkalender, wenn ihn niemand verwendet?
Im ersten Schritt müssen alle Anwender ihre qualitativen und quantitativen Anforderungen an die IT formulieren. Dieses kann mittels gemeinsamer Workshops von IT-Spezialisten und den Anwendern geschehen.
Dann müssen die IT-Abteilungen sich darauf besinnen, wer ihre Kunden sind, um die Definitionen in den SLAs in der Sprache der Anwender aber auch herunter gebrochen auf deren Geschäftsprozesse festzulegen. Bei der Erstellung dieser hilft dann die Nutzung des Itil-Standards (Itil = Infrastructure Library). Dieser unterstützt bei der Formulierung von für den Fachbereich leicht verständlichen SLAs. Diese werden dann für die IT-Abteilung in sogenannte Operation-Level-Agreements (OLA) übersetzt. Ein SLA setzt sich hierbei in der Regel aus mehreren

OLAs zusammen, deren technische Details nur für die IT-Mitarbeiter relevant sind. Die Aufteilung eines SLAs in mehrere OLAs ermöglicht auch bei Bedarf eine veränderte Bündelung der Leistungen sowie eine verbesserte Leistungs- und Kostenkontrolle der einzelnen Services.

Aber auch das Reporting der Leistungen muss so verfasst werden, dass der Anwender diese Berichte versteht und erkennt, wie die von ihm verantworteten Geschäftsprozesse von der IT unterstützt werden. Heute sind viele Reports noch so techniklastig formuliert, dass aufgrund fehlenden Hintergrundwissens die Daten nicht interpretiert werden können und somit keine Konsequenzen gezogen werden, wenn SLAs nicht eingehalten werden. So sollten z. B. Ausfallzeiten nicht am Ausgang des Servers gemessen werden, sondern am Arbeitsplatz. (3)

Die Einführung eines IT-Service-Managements nach den Itil-Empfehlungen erfordert gründliche Planung, Teamarbeit und Ausdauer und erfolgt im Wesentlichen in vier Schritten:

1. Ausgangslage analysieren

Qualität der Ausrichtung der IT-Leistungen auf die Geschäftsabläufe (Engpässe, Mängel, Entwicklung der IT-Kosten).

2. Ziele definieren

Die geschäftlichen Anforderungen müssen in messbare Service-Ziele umgesetzt werden. (Reaktionszeit auf Kundenanfragen, Klärungsquote Hotline direkt bei Anruf)

3. Serviceprozesse organisieren

Von Fachleuten wird die Einrichtung von maximal zwölf Service-Bereichen empfohlen. Die Richtlinien von Itil definieren in ihrer Strukturvorlage alle nötigen Prozessschritte und müssen firmenindividuell angepasst werden.

4. Umsetzung beginnen

Das Service-Management bringt frischen Wind in die EDV-Abteilung, da funktionale Zuständigkeit durch Prozessverantwortung abgelöst wird und Leistungen bzw. Abweichungen mit Hilfe von Kennzahlen erfasst werden. (4)

Fallbeispiele

In Verfügbarkeitsklauseln von SLAs findet man Werte zwischen 95 und 99,5 Prozent, also eine recht große Spanne, sodass es nicht klar ist, welcher Prozentsatz verkehrsüblich ist.

Auf den ersten Blick erscheint eine Verfügbarkeit von 99,5 Prozent als sehr hoch. Um aber zu veranschaulichen, was eine derartige Verfügbarkeit in der Praxis bedeutet, und welche Fallen bei der genauen Definition bestehen, hier dazu die "realen" Zahlen.

Geht man in einem Unternehmen von einer 24-stündigen täglichen Betriebszeit aus und das an sieben Tagen in der Woche, so beträgt die maximal zulässige Ausfallzeit pro Tag 7,2 Minuten. Legt man als Bezugszeitraum aber ein Jahr fest, so dürfte der Service, trotz dieser offensichtlich sehr hohen Verfügbarkeit für nahezu zwei Tage ununterbrochen stillstehen, ohne, dass der vereinbarte Service-Level unterschritten würde. (2)

Itil gilt mittlerweile als Bibel für effizientes IT-Management und in Ländern wie Australien, Holland, Skandinavien und den USA orientiert sich das Gros der Firmen und Behörden an dem IT-Regelwerk. Vor zwei Jahren ist der deutsche Ableger der internationalen Itil-Vereinigung gegründet worden. Das IT-Service-Management-Forum Germany (itSMF) führt dazu, dass auch hierzulande immer mehr Unternehmen den englischen

Wissensschatz entdecken. (4)

Der deutsche Weinhändler Hawesko hat, angeregt durch Itil, die Bearbeitung von Service-Aufträgen in der IT-Abteilung neu organisiert. Es laufen monatlich mehr als 400 Anfragen auf, die von den rund 500 Mitarbeitern an den PC-Arbeitsplätzen gestellt werden. Die Bandbreite reicht von kleinen Problemchen beim Einsatz von Office-Software, bis zum Vorschlag, die Warenwirtschafts-Software zu erweitern. Der neu organisierte Arbeitsprozess bewertet die Anfragen nach Prioritäten, sodass wichtige Aufträge schneller abgearbeitet werden können. Der Informatikleiter von Hawesko schätzt, dass ohne die Itil-Vorgaben dieses Projekt deutlich mehr Zeit und Aufwand gekostet hätte. (4)

Weiterführende Literatur

(1) Die ideale IT-Abteilung/Performance-Management: Mehr als Kostenkontrolle Wie wertschöpfend ist Ihre IT?
aus Computerwoche, 01.08.2003, Nr. 31, S. 39

(2) Regelungen des allgemeinen Schuldrechts reichen beim Outsourcing nicht aus Service-Level-Agreements sind entscheidend für den Erfolg
aus Computer Zeitung, Heft 33, 2003, S. 19

(3) Die ideale IT-Abteilung/DV-Kauderwelsch unerwünscht: Die Fachabteilungen müssen Service-Level-Agreements verstehen können IT-Qualität nachvollziehbar messen
aus Computerwoche, 01.08.2003, Nr. 31, S. 38

(4) Masterplan für mehr Qualität Professionelles Management von Hardware und Software steigert deren Effizienz. Kostenlose IT-Ratgeber zeigen, wie das geht.
aus Impulse vom 01.10.2003, Seite 74

(5) Was verbirgt sich hinter Itil? Die interne IT als Geschäft betreiben
aus Computerwoche, 11.07.2003, Nr. 28, S. 31

Impressum

Performance Management für IT-Abteilungen

Bibliografische Information der deutschen Nationalbibliothek

Die Deutsche Nationalbibliothek verzeichnet diese Publikation in der deutschen Nationalbibliografie; detaillierte bibliografische Daten sind im Internet über http://dnb.d-nb.de abrufbar.

ISBN: 978-3-7379-0003-4

© 2015 GBI-Genios Deutsche Wirtschaftsdatenbank GmbH, Freischützstraße 96, 81927 München, www.genios.de

Alle Rechte vorbehalten. Dieses Werk ist einschließlich aller seiner Teile – z.B. Texte, Tabellen und Grafiken - urheberrechtlich geschützt. Jede Verwertung außerhalb der Grenzen des Urheberrechtsgesetzes bedarf der vorherigen Zustimmung des Verlags. Dies gilt insbesondere auch für auszugsweise Nachdrucke, fotomechanische Vervielfältigungen (Fotokopie/Mikroskopie), Übersetzungen, Auswertungen durch Datenbanken oder ähnliche Einrichtungen und die Einspeicherung und Verarbeitung in elektronischen Systemen.